MÉTHODE

POUR ACCOMPAGNER

LE PLAIN-CHANT ET LES CANTIQUES

PRÉCÉDÉE

de Notions sur la Musique, l'Harmonie et le Plain-Chant

ET SUIVIE

d'un chapitre supplémentaire sur la Musique pour Orgue

PAR

M. L'ABBÉ Célestin LEROY

Professeur de Rhétorique et Organiste
au Petit-Séminaire de N.-D. des Couets (près Nantes).

PRIX NET : **4** FRANCS

NANTES	PARIS
LANOË-MAZEAU	Librairie de *La France Illustrée*
LIBRAIRE	40, RUE LA FONTAINE, 40
2, rue Saint-Pierre (près la Cathédrale)	et 15, Rue Férou (près Saint-Sulpice)

PRÉFACE DE L'AUTEUR

Le but que je me propose dans cette méthode est de conduire l'organiste depuis la lecture de la note jusqu'à l'exécution complète des cantiques et des morceaux écrits pour orgue, en évitant les longueurs et en ne donnant que le nécessaire.

Les notions préliminaires et les trois premiers chapitres demandent un travail qui n'exige pas le clavier d'un orgue, car aucun exercice pratique ne s'y trouve renfermé, et cependant, ces pages, que l'on serait tenté de ne pas même lire, demandent une étude sérieuse ; sans cette étude, on pourrait se trouver arrêté plus loin devant des difficultés insurmontables.

Après ce travail, l'élève organiste ouvrira son orgue et apprendra des gammes. Il est souvent bien ennuyeux de passer des heures entières avant d'arriver à monter sans faire de fautes des gammes nombreuses ; je le sais très bien. La patience est, pour l'organiste, d'une nécessité absolue ; les commencements sont pénibles, mais, que les résultats entrevus dans l'avenir donnent du courage. L'élève pourra alors, s'il le veut, jouer les exercices de doigté que j'ai donnés ou les réserver au moment de l'étude des cantiques ; quant au reste, il suivra pas à pas la méthode, sans vouloir se jeter d'abord dans toutes les difficultés ; il faut pour apprendre l'orgue de l'ordre et du temps.

J'ai voulu dans cet ouvrage donner les règles de l'accompagnement des cantiques ; un organiste ne doit pas être ignorant sur ce point.

A la fin, quelques notions suffisent pour indiquer ce qu'il faut savoir pour exécuter les morceaux écrits pour orgue ; ici, presque tout est exercice pratique ; on joue en mesure ce qui est marqué, sans ajouter ni retrancher.

En donnant pour le plain-chant et pour la musique les mêmes gammes et des principes qui se ressemblent beaucoup, j'ai essayé de simplifier le plus possible les difficultés. La nature, dans la résonnance du corps sonore, me sert de point de départ, et par la tonique, la tierce et la quinte, je reconnais le ton des morceaux et les modulations, en musique comme en plain-chant. L'accompagnement des cantiques, ayant ainsi quelques points de contact avec celui du plain-chant, devient plus facile.

Qu'on ne se figure pas qu'il n'y ait qu'une manière d'accompagner ; les exemples servent à guider dans l'application des règles ; c'est à chacun de voir comment on peut, dans d'autres morceaux, apprécier d'après ces mêmes règles, tout en ayant une certaine liberté de jugement.

J'aurais pu donner plus de détails, j'aurais pu çà et là entrer dans de longues discussions sur certains points controversés, et approfondir davantage quelques questions ; je ne l'ai pas fait, voulant avant tout rester dans les limites d'un ouvrage élémentaire.

Puisse ce petit ouvrage, composé au milieu des labeurs de l'enseignement, avoir un résultat pratique, grâce à la bénédiction de la bienheureuse duchesse Françoise d'Amboise, patronne du séminaire des Couëts, et de la bienheureuse Vierge Marie, sous le regard de qui j'ai composé ces pages et à qui je les offre tout filialement ! Puisse-t-il contribuer pour sa faible part à accroître la beauté de nos solennités religieuses et à rendre gloire au Dieu de l'Eucharistie, objet de notre culte et de nos chants !

NOTIONS

Sur le clavier de l'orgue ou de l'harmonium

Le clavier d'un orgue ou d'un harmonium est formé de touches blanches et de touches noires ; les touches noires servent pour les notes diésées ou bémolisées. Entre chaque note du clavier on compte l'intervalle d'un demi-ton.

Il suffit d'étudier la disposition d'une octave pour juger de l'arrangement du clavier, car les octaves se répètent au nombre de quatre, de quatre et demie ou de cinq, selon la longueur de l'orgue ou de l'harmonium.

Octave d'un Clavier.

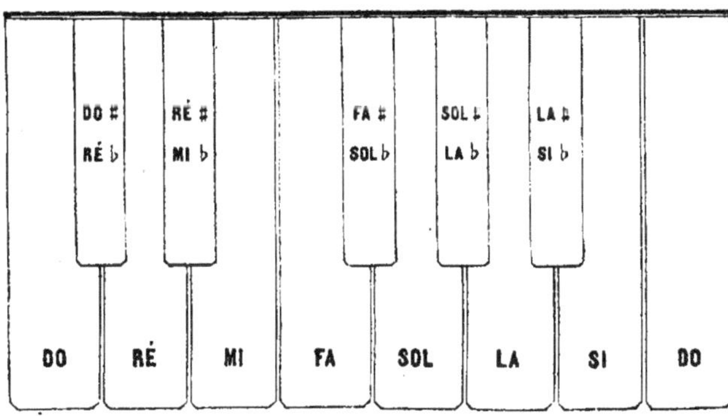

NOTIONS

Sur les jeux et les registres de l'harmonium.

On donne le nom de *jeux* à un système de languettes métalliques embrassant l'étendue du clavier. Chaque jeu a son timbre particulier.

On donne le nom de *registres* à des boutons placés au-dessus du clavier, qui servent à fermer ou à ouvrir les divers jeux.

Voici les registres qui se trouvent aux orgues de quatre jeux et demi.

S   0   4   3   2   1   G   E   1   2   3   4   C   O   T

Si l'on veut faire parler un jeu dans toute l'étendue du clavier, il faut tirer deux registres correspondants.

Les nᵒˢ 1 et 4 sont à l'unisson ; leur *la* est le *la* du diapason.
Les nᵒˢ 3 sont une octave plus haut.
Les nᵒˢ 2............ .... plus bas.
La sourdine, S, n'est que le nᵒ 1 piano.
Le trémolo, T, n'est que le nᵒ 1 ou 2 tremblant.
Le grand jeu, G, ouvre tous les autres jeux.
La voix céleste, C, est à l'unisson du nᵒ 2.

L'expression E agit sur les soufflets qui deviennent alors d'une grande sensibilité : par son moyen, on obtient, à son gré, des *piano* et des *forte*, qui permettent de nuancer et de faire ressortir les morceaux que l'on joue ; c'est l'expression qui donne à l'harmonium sa dernière beauté. Pour bien s'en servir il faut souffler très régulièrement, avec l'extrémité du pied descendre les soufflets jusqu'en bas et les monter jusqu'en haut. Il faut s'habituer à jouer avec l'expression, pour tirer d'un harmonium tout le parti possible

TABLEAU

Renfermant diverses formes de notes et de signes

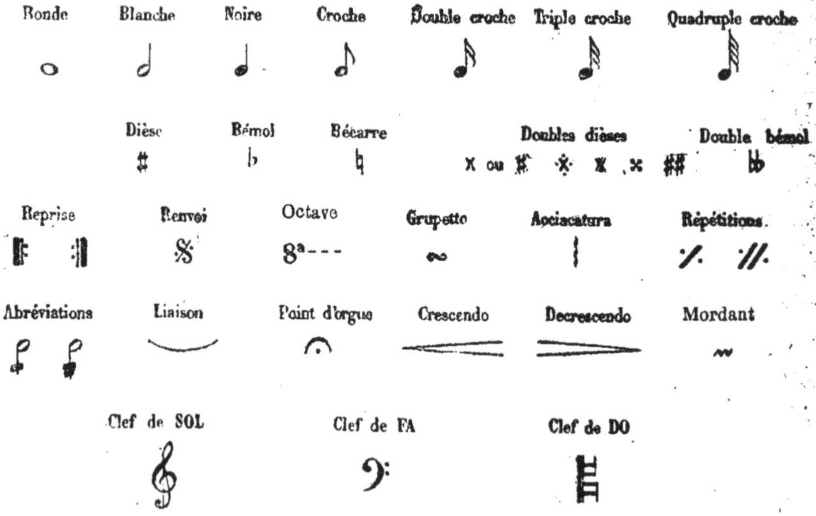

Ronde	Blanche	Noire	Croche	Double croche	Triple croche	Quadruple croche

Dièse	Bémol	Bécarre	Doubles dièses	Double bémol

Reprise	Renvoi	Octave	Grupetto	Acciacatura	Répétitions

Abréviations	Liaison	Point d'orgue	Crescendo	Decrescendo	Mordant

Clef de SOL	Clef de FA	Clef de DO

CHAPITRE I

Notions générales de Musique

ARTICLE I

Notes. — Portée. — Clefs.

NOTES. — On appelle *notes* certains signes conventionnels destinés à représenter la hauteur des sons et leur durée.

Les notes sont : *do* (ou *ut*), *ré, mi, fa, sol, la, si*.

Ces notes se répètent pour les autres séries de sons.

1re SÉRIE   2e SÉRIE

Ex. *do, ré, mi, fa, sol, la, si   do, ré, mi, fa, sol, la, si,* etc.

PORTÉE. — Pour représenter la hauteur des sons, on se sert de cinq lignes appelées *portée* ; les notes se placent sur les lignes et entre les lignes.

A ces cinq lignes on ajoute quelquefois des lignes supplémentaires pour les notes plus élevées ou plus basses.

CLEFS. — Au commencement de la portée, on met un signe appelé *clef*, qui indique la position de la note de même nom que la clef, et par suite, celle des autres.

Il y a trois sortes de clefs : la *clef* de *sol* (*), la *clef* de *fa* (*), la *clef* de *do* (*); cette dernière est rarement employée.

(*) Pour les formes des notes ou des signes, voir le tableau page 0.

La clef de sol se place sur la deuxième ligne, celle de fa, sur la quatrième ligne.

ARTICLE II

Signes de durée.

FIGURES DES NOTES. — Pour représenter la durée des sons, on varie la figure des notes.

Ces différentes figures des notes sont :

La *ronde* (*) ; la *blanche* (*) ; la *noire* (*) ; la *croche* (*) ; la *double croche* (*) ; la *triple croche* (*) ; la *quadruple croche* (*).

Dans le tableau suivant se trouve indiquée la valeur ou durée des notes :

Ronde	Blanches	Noires	Croches	Doubles croches	Triples croches	Quadruples croches
la ronde vaut	2	4	8	16	32	64
	la blanche vaut	2	4	8	16	32
		la noire vaut	2	4	8	16
			la croche vaut	2	4	8
				la double croche vaut	2	4
					la triple croche vaut	2

POINTS. — A ces notes on ajoute quelquefois des *points*.

Le point augmente de moitié la durée de la note sur laquelle il porte :

(*) Pour les formes des notes ou des **signes**, voir le tableau page 8.

Un point précédé d'un silence (v. plus bas) ou d'un autre point augmente ce silence ou ce point de la moitié de leur durée :

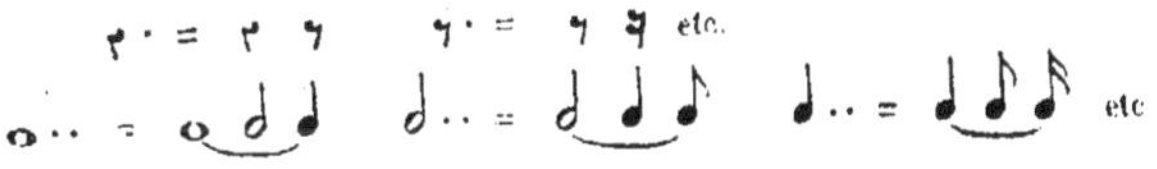
etc.
etc

Silences. — On appelle *silences* des signes indiquant une interruption dans les sons.

Il y a pour chaque figure de note un silence dont la durée correspond à cette note.

Voici ces différents silences et leur durée :

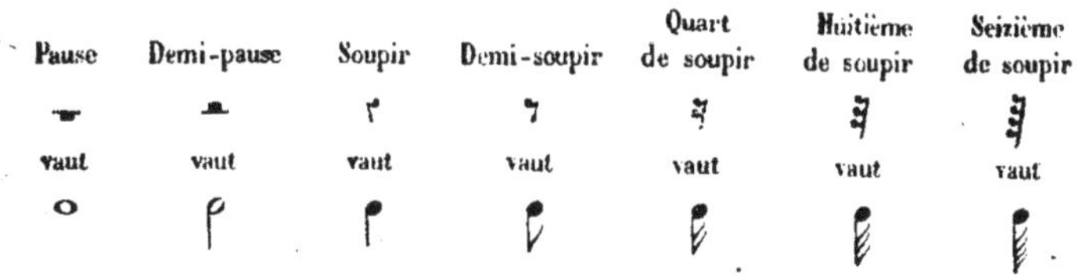
Pause
Demi-pause
Soupir
Demi-soupir
Quart de soupir
Huitième de soupir
Seizième de soupir
vaut
vaut
vaut
vaut
vaut
vaut
vaut

Triolet. — Un *triolet* est un groupe de trois notes égales qui ont la durée de deux notes ordinaires de même figure ; on l'indique par le chiffre 3 placé au-dessus.

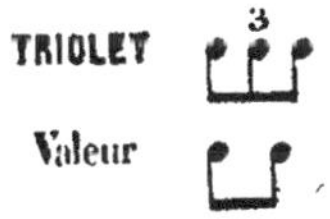
TRIOLET
3
Valeur

Sixain. — Le *sixain*, indiqué par le chiffre 6, est un groupe de six notes de la durée de quatre notes ordinaires de même figure (1).

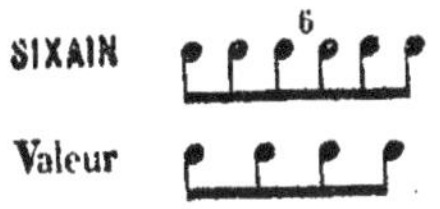
SIXAIN
6
Valeur

Liaison. — La *liaison* est un signe qui sert à réunir plusieurs notes (*voir le tableau page 8*).

(1) On trouve encore d'autres groupes de cinq, de sept, de neuf notes ; le chiffre qui indique le nombre des notes est placé au-dessus de ces groupes.

ARTICLE III

De la Mesure.

Barres de Mesure. Mesures. — La portée est divisée par des *barres* dites *barres de mesure* ; les espaces compris entre ces barres se nomment *mesures* et renferment des valeurs égales.

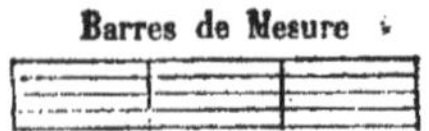

Temps. — Dans chaque mesure se trouvent des parties égales, du nom de *temps*.

Il peut y avoir dans la mesure deux, trois, quatre temps ; de là, la mesure à deux, à trois, à quatre temps.

La mesure est indiquée dans les morceaux après la clef.

Voici les mesures les plus usitées.

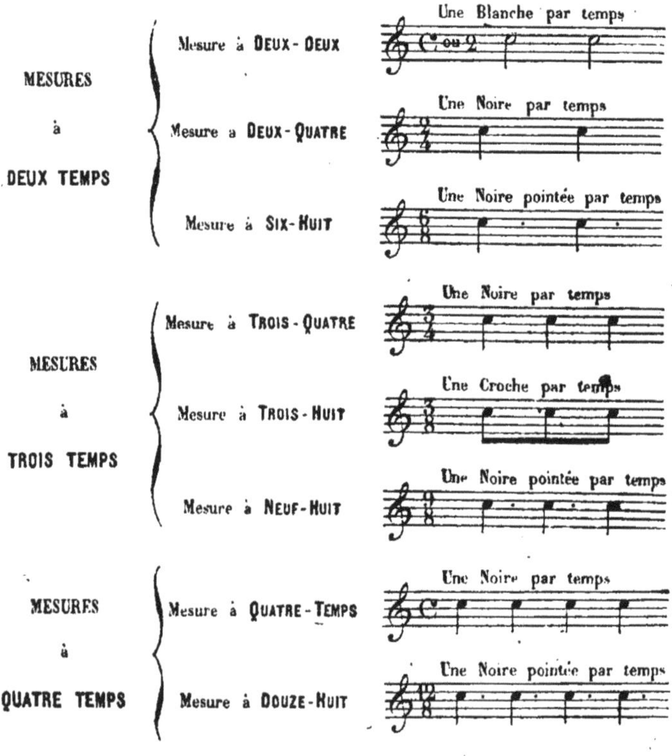

Dans la mesure, il y a des temps forts et des temps faibles.

Note Syncopée. — Une *note syncopée* est une note, qui, renfermant un temps faible et un temps fort, commence par le temps faible.

ARTICLE IV

Notes naturelles. — Signes d'altération. — Autres noms des notes de la gammes. — Gammes majeures et mineures.

Notes naturelles. — La gamme est composée de huit notes ; entre le *mi* et le *fa* et entre le *si* et le *do* il y a 1/2 ton ; entre les autres notes, un ton (1).

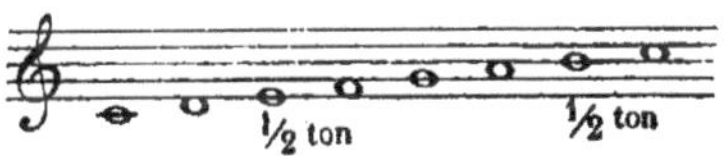

Signes d'altération. — Ces notes naturelles peuvent être altérées au moyen de signes qui sont : le *dièse*, (*) qui élève la note d'un demi-ton, et le *bémol*, (*) qui la baisse d'un demi-ton,

Le double dièse (*) élève la note de deux demi-tons ou d'un ton, et le double bémol (*), la baisse de deux demi-tons ou d'un ton.

(*) Pour les formes des notes ou des signes, voir le tableau page 8.
(1) Nota. — Ce genre de gamme s'appelle diatonique, par opposition à la gamme chromatique, qui procède par demi-tons.

— 14 —

Les *dièses* ou les *bémols* mis après la clef (armure de la clef) altèrent dans tout le morceau les notes devant lesquelles ils sont placés et les notes de même nom.

Les *dièses* ou les *bémols* placés accidentellement dans le cours d'un morceau n'agissent sur les notes devant lesquelles ils sont placés et sur les notes de même nom que jusqu'à la fin de la même mesure.

Le *bécarre* (*) indique que la note altérée redevient naturelle ; il exerce son action sur les notes comme les *dièses* et les *bémols*.

Autres noms des Notes de la Gamme. — Par rapport à la première note (la tonique), sur laquelle une gamme est établie, les autres notes reçoivent le nom de *sus-tonique, médiante, sous-dominante, dominante, sus-dominante, sensible, octave*.

Au lieu de prendre le *do* comme tonique, on pourrait prendre toute autre note, en ayant soin de conserver les demi-tons entre la 3ᵉ et 4ᵉ note et entre la 7ᵉ et la 8ᵉ ; pour cela, on se sert de *dièses* et des *bémols*.

Gammes majeures et mineures. — Chaque note naturelle ou altérée pouvant servir de tonique, on a douze gammes, appelées *majeures*, par opposition aux gammes *mineures*.

La gamme mineure diffère de la gamme majeure par la place des demi-tons, qui se trouvent entre la 2ᵉ et 3ᵉ note et entre la 5ᵉ et 6ᵉ.

Quelquefois dans la gamme mineure, la 7ᵉ note est altérée par un *dièse* ; cette note altérée s'appelle note sensible ; elle sert beaucoup pour distinguer le ton majeur du ton mineur.

Chaque gamme majeure a une gamme mineure relative, ayant les mêmes signes à la clef et se trouvant à un ton et demi au-dessous.

(*) Pour les formes des notes ou des signes voir le tableau page 8.

Voici la nomenclature des douze gammes majeures avec leurs gammes mineures relatives.

Gam. maj. de Do	rien à la clef	— gam. min. relative	La
— Sol	dièse : fa	—	Mi
— Ré	dièses : fa, do	—	Si
— La	dièses : fa, do, sol	—	Fa dièse
— Mi	dièses : fa, do, sol, ré	—	Do dièse
— Si	dièses : fa, do, sol, ré, la	—	Sol dièse
— Fa dièse	dièses : fa, do, sol, ré, la, mi	—	Ré dièse
— Fa	bémol : si	—	Ré
— Si bémol	bémols : si, mi	—	Sol
— Mi bémol	bémols : si, mi, la	—	Do
— La bémol	bémols : si, mi, la, ré	—	Fa
— Ré bémol	bémols : si, mi, la, ré, sol	—	Si bémol

ARTICLE V
Intervalles.

On appelle intervalle la distance d'un son à un autre

Les intervalles se nomment : *seconde, tierce, quarte, quinte, sixte, septième et octave.* En allant au-delà on aurait la neuvième, la dizième, etc.

Ces intervalles peuvent recevoir différentes modifications.
En voici quelques-unes :

CHAPITRE II

Notions d'harmonie

ARTICLE I

Définition de l'harmonie. — Accord parfait : majeur et mineur. — Accord de 7ᵉ dominante. — Positions et renversements des accords. — Mouvements. — Modulations.

Définition de l'harmonie. — *L'harmonie* est la réunion de plusieurs sons entendus en même temps et formant un accord.

Accord parfait. — L'accord le plus simple et le plus parfait est donné par la résonnance d'un corps sonore.

Si l'on rapproche ces notes, on remarque que dans cet accord se trouvent un son fondamental ou une tonique, une tierce majeure et une quinte juste de ce son fondamental.

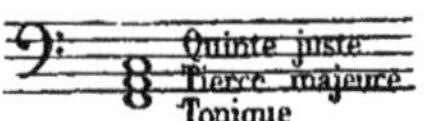

Accord parfait majeur. — Tout accord qui est ainsi composé s'appelle *accord parfait majeur*.

Accord parfait mineur. — *L'accord parfait mineur* se compose d'un son fondamental ou d'une tonique, d'une tierce mineure et de la quinte juste de ce son fondamental.

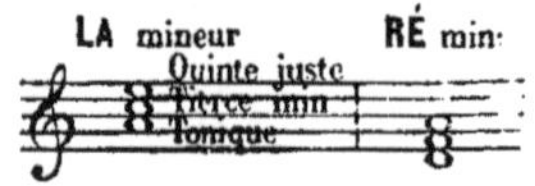

L'accord parfait mineur diffère donc de l'accord parfait majeur en ce qu'il a une tierce mineure au lieu d'avoir une tierce majeure.

ACCORD DE 7ᵐᵉ DOMINANTE. — Outre ces deux accords, on distingue encore *l'accord de 7ᵐᵉ dominante* ; il se compose d'une tierce majeure et de deux tierces mineures.

Cet accord doit être suivi d'un autre accord ; la 2ᵐᵉ note de l'accord de 7ᵐᵉ dominante doit alors monter d'un demi-ton ; la 4ᵐᵉ, descendre d'un demi-ton ; la 1ʳᵉ et la 3ᵐᵉ sont libres dans leur mouvement ; c'est ce qu'on appelle résolution forcée. Cet accord est un accord dissonant.

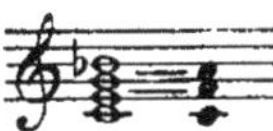

On peut former cet accord en ajoutant au second accord de toute gamme majeure ou mineure harmonisée (v. plus bas) une tierce mineure.

Rejeté en plain-chant par un grand nombre d'auteurs, cet accord joue un très grand rôle dans la musique.

Il y a pour chaque gamme un accord parfait qui la caractérise ; il se compose du son fondamental ou de la tonique, de la tierce majeure ou mineure, selon que la gamme est majeure ou mineure, et de la quinte juste de cette gamme.

CONSONANCE ET DISSONANCE. — Les accords sont *consonants*, si l'impression qu'ils produisent est agréable ; *dissonants*, si le contraire a lieu.

Les consonances sont parfaites ou imparfaites.

Les consonances parfaites sont produites par les intervalles de quinte et d'octave justes, et les consonances imparfaites, par les intervalles de tierce et de sixte majeures et mineures. Tous les autres intervalles sont dissonants. L'intervalle de quarte juste est considéré, tantôt comme consonance d'un genre particulier, tantôt comme dissonance.

Toute dissonance doit être résolue sur une consonance.

Positions et renversements des accords. — Un *accord* peut avoir diverses *positions* et divers *renversements*.

La position d'un accord se tire de la manière dont sont placées à la partie supérieure les notes qui le composent.

Un accord parfait majeur ou mineur peut avoir trois positions; l'accord de 7me dominante, quatre.

Un accord est renversé quand il a à la partie inférieure, comme basse, une des notes qui le composent et qui n'est pas la note fondamentale ou la tonique.

Un accord parfait majeur ou mineur peut avoir deux renversements; l'accord de 7me dominante, trois.

Le 1er renversement d'un accord parfait se nomme accord de sixte; le 2me, accord de quatre et sixte; le 1er renversement de l'accord 7me de dominante se nomme accord de sixte et quinte diminuée; le 2me, accord de sixte sensible; le 3e, accord de triton.

L'accord de quarte et sixte est rejeté en plain-chant par un grand nombre d'auteurs.

Mouvements. — Il y a en harmonie *trois mouvements*, savoir : 1° le *mouvement direct*, semblable ou parallèle : quand les deux parties montent ou descendent en même temps; 2° le *mouvement oblique* : quand une partie monte ou descend, pendant que l'autre reste en place; 3° le *mouvement contraire* : quand une partie monte, pendant que l'autre descend,

Modulation. — On appelle *modulation* un changement de ton dans le courant d'un morceau ; ainsi, on module quand on passe d'un ton majeur dans un autre ton majeur ou dans un ton mineur, etc.

Nota. — On peut harmoniser chacune des gammes majeures ou mineures. On trouvera à la page 23, 39, 66, différentes gammes harmonisées et à la page 66 la manière d'harmoniser soi-même les autres gammes.

ARTICLE II
Fautes à éviter.

Trois fautes sont surtout à éviter :

1er les *quintes directes*.
2e les *octaves directes*.
3o les *fausses relations*.

Les quintes et les octaves directes, comme l'indiquent leurs noms, sont des intervalles de quinte et d'octave produites dans le mouvement direct dans deux accords qui se suivent.

Les quintes directes sont proscrites à cause de leur dureté ; les octaves directes, à cause de leur nullité harmonique.

La fausse relation est un rapport faux qui se trouve entre un son qui vient d'être entendu et un autre son qu'on entend dans une partie différente.

La principale fausse relation est celle d'octave ; elle est produite par la succession, dans deux accords qui se suivent, de deux notes de même nom, mais dans un état différent, par exemple, si l'une était naturelle et l'autre diésée ou bémolisée.

Pour que la fausse relation existe, il faut que ces notes de même nom soient dans une partie différente.

CHAPITRE III

Notions générales de Plain-chant

ARTICLE UNIQUE

**Portée. — Figures des notes. — Clefs. — Barres de repos. — Finales et
dominantes. — Chiffres indiquant le mode. — Lettres des psaumes. —
Guidon. — Notes altérées. — Modes ou tons.**

Portée. — La *portée* en plain-chant ne se compose que de quatre
lignes.

Figures des notes. — Il y a cinq espèces de notes d'après leur
figure :

la *carrée*
la *caudée* ou *note à queue*
la *losange*
la *rhomboïde*
la *maxime* ou *double carrée*

Clefs. — Les deux clefs usitées sont : la *clef* de *do* et la *clef* de *fa*.
La clef de do se place sur la 4e, la 3e ou rarement sur la 2e ligne ;
la clef de fa, sur la 3e.

Barres de repos. — Les repos sont marqués par des *barres*, dites
barres de repos : la petite barre marque un repos léger ; la
grande barre marque un repos plus long, et la double barre sépare
les diverses parties d'un même morceau et se met à la fin du morceau.

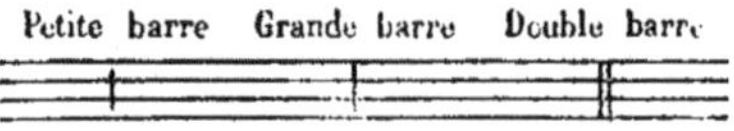

Finales et Dominantes. — Avant la clef de chaque morceau se

trouvent deux notes : *la note inférieure* est la *finale* du morceau ; la *note supérieure* est la *dominante* qui « est, dit Jumilhac, comme la reyne des autres notes modales. »

CHIFFRES INDIQUANT LE MODE. — Le *chiffre*, placé devant ces notes et la clef, indique le mode ou ton du morceau. (1)

LETTRES DES PSAUMES. — A la suite de ce chiffre, dans les morceaux après lesquels doit se chanter un psaume, on peut remarquer une *lettre*. Cette lettre, qui est une des premières lettres de l'alphabet, indique la finale du psaume ; les lettres a, b, c, d, e, f, g marquent : a, la note la ; b, la note si ; c, la note do, et ainsi du reste. Les notes finales du psaume sont aussi indiquées à la fin du morceau au-dessus des lettres e, u, o, u, a, e.

GUIDON. — Le *guidon* est une demi-note à queue, placée à la fin d'une portée, pour indiquer la note qui commence la portée suivante ; il ne se chante pas.

NOTES ALTÉRÉES. — En plain-chant, le seul bémol usité est le *si bémol* ; le dièse est inconnu comme signe ; cependant, bon nombre d'auteurs font le *fa dièse*, quoiqu'il ne soit pas marqué : dans l'hymne *Verbum supernum*, dans le *Lauda Sion* et dans quelques autres morceaux ; il veulent éviter par là le triton (*diabolus in musicâ*) ou la succession de trois tons.

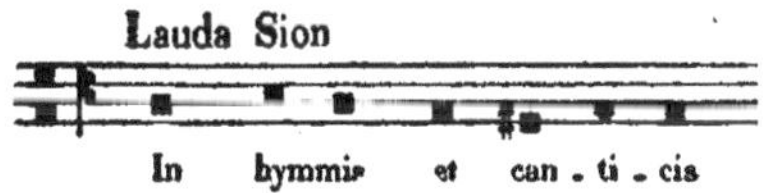

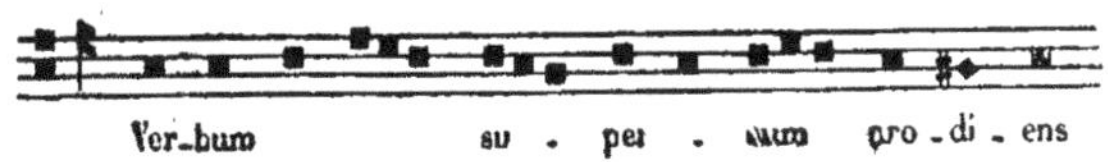

MODES. — Il y a en plain-chant huit *modes*.

Les modes impairs sont appelés authentiques ; ils ont été composés par saint Ambroise.

Les modes pairs ont reçu le nom de plagaux ; ils ont été composés par saint Grégoire-le-Grand, qui prit les quatre dernières notes de chaque mode de saint Ambroise, pour les mettre les quatre premières notes des nouveaux modes, comme on peut le voir par le tableau suivant.

(1) Note. — Le mode et le ton, ayant une signification bien distincte, ne devraient pas être confondus ; si je les confonds parfois, ce n'est que pour ne pas embarrasser par des définitions trop multipliées et pour suivre un certain usage de langage.

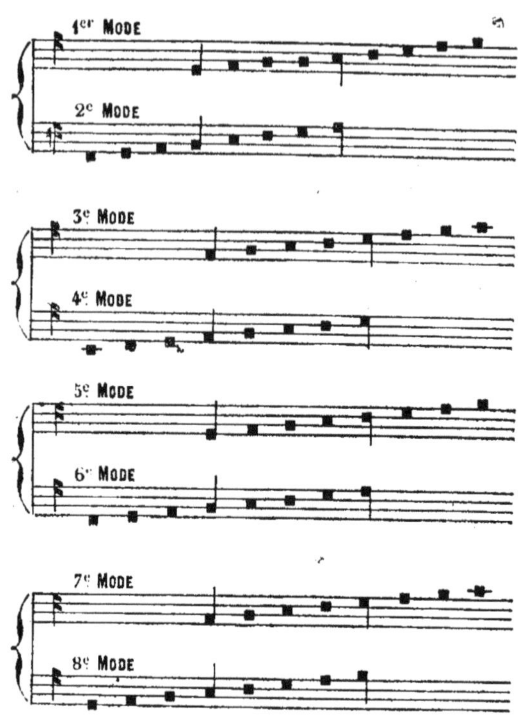

Ce tableau indique aussi l'étendue réglementaire de chaque mode ; cependant, il peut parfois se trouver deux notes en plus, soit en haut soit en bas, sans que le mode change.

Certains modes réunissent l'échelle du mode authentique à celle du mode plagal correspondant. Ce sont les modes mixtes ; les plus connus sont : le 1er in A ; le 2e in A ; le 3e in A ; le 4e in B ; le 5e in C.

Chaque mode a son caractère particulier :

le 1er	mode est	grave	gravis
— 2e	—	triste	tristis
— 3e	—	mystérieux	mysticus
— 4e	—	harmonieux	harmonicus
— 5e	—	joyeux	lætus
— 6e	—	pieux	devotus
— 7e	—	angélique	angelicus
— 8e	—	parfait	perfectus

CHAPITRE IV

Accompagnement du Plain-chant

ARTICLE I

**Gammes harmonisées. — Principes généraux. — Remarques impor-
tantes — Fautes à éviter.**

L'élève commencera par apprendre parfaitement les cinq gammes
suivantes :

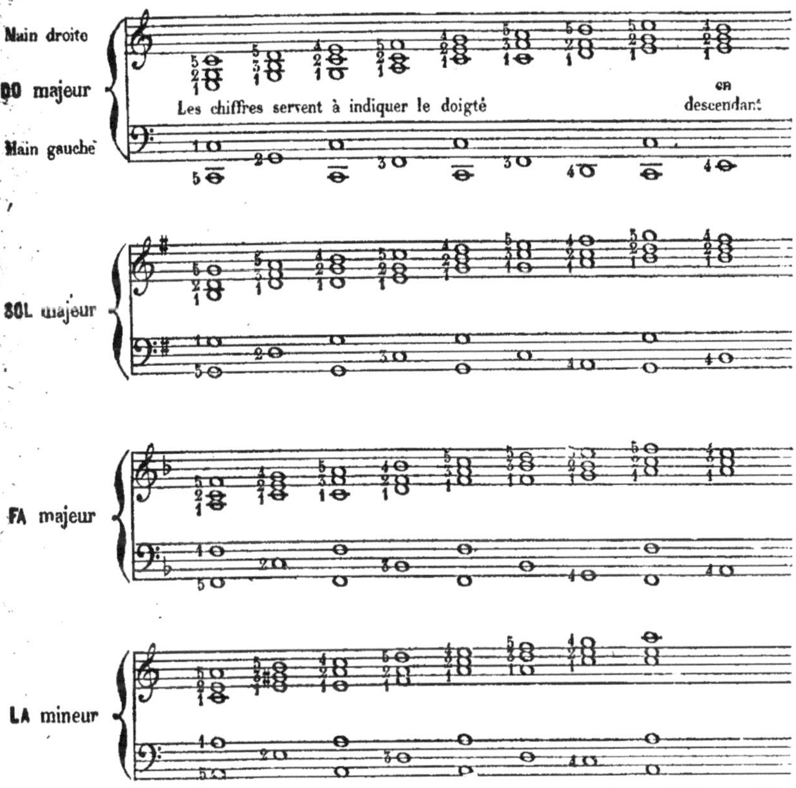

Ces gammes, ainsi que toutes les autres se composent d'accords parfaits, sauf le 7me
accord en montant, qui ne doit pas être confondu avec l'accord de 7me dominante, car il n'a
pas comme lui une résolution forcée. (Voir page 17.)

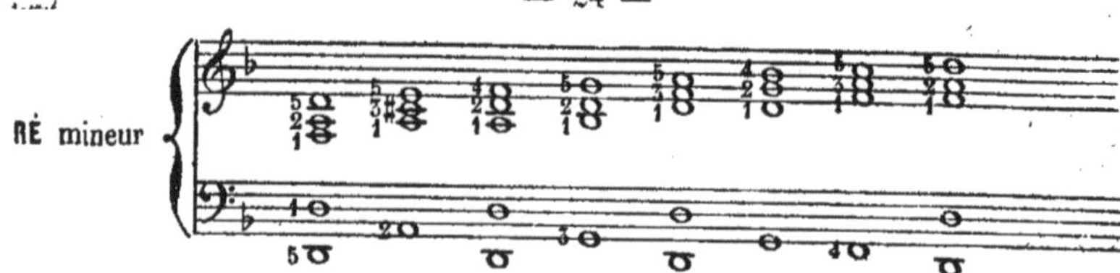

PRINCIPES GÉNÉRAUX. — Tous les morceaux du plain-chant, sauf un certain nombre du 6e ton, qui ont le *si bémol*, n'ont à la clef aucun accident *dièse* ou *bémol*. Si l'on suivait pour le plain-chant absolument les mêmes principes que pour la musique, ces morceaux s'accompagneraient ou avec la gamme de *do majeur* ou avec la gamme relative de *la mineur* (voir cantiques). Mais, il n'en est pas ainsi, car le plain-chant diffère de la musique par des groupes de notes d'un genre particulier variant pour chaque mode ou ton.

Voici quelques principes qui serviront à accompagner tous les tons : (1)

I. Il faut diviser le morceau que l'on veut accompagner en un certain nombre de groupes de notes.

N. B. Il n'est pas toujours facile de voir l'endroit où doit finir tel ou tel groupe ; les barres, le sens, les repos de la voix et surtout le bon goût servent beaucoup à guider. Il y a des groupes qui sont bien marqués, d'autres le sont moins ; chaque organiste peut dans beaucoup de cas diviser certains groupes comme bon lui semble.

II. Il faut considérer la note finale des groupes ainsi divisés ; elle peut être la note *do, fa, sol, la ou ré* (pour le 3e et le 4e ton, voir plus bas). Toute autre note finissant le groupe ne pourrait être considérée comme note finale.

III. 1. Si le groupe finit par la note *do* et si dans ce
  2.   —   — *fa* —
  3.   —   — *sol* —
  4.   —   — *la* —
  5.   —   — *ré* —
  1. groupe on trouve parmi les notes un peu caractérisées la tonique et la
  2.   —   —   —
  3.   —   —   —
  4.   —   —   —
  5.   —   —   —
  1. tierce de la gamme de *do*, on l'accompagne
  2.   — *fa*   —
  3.   — *sol* —
  4.   — *la*   —
  5.   — *ré*   —

(1) En étudiant les trois premiers paragraphes de ce chapitre, l'élève devra en même temps qu'il apprendra les règles en examiner l'application dans les exemples de la p. 28 et suivantes ; si l'on ne procède pas ainsi, beaucoup de choses demeureront incomprises.
Jusqu'à l'article «Transposition», je ne parlerai que des cinq gammes qui viennent d'être données. Il n'y a d'exception que pour la note finale du 3e et du 4e ton, qui est en gamme de *mi.* ; dans les exemples ce mi sera toujours le mi mineur.

'1. avec la gamme de *do*
2.   —   *fa*
3.   —   *sol*   si, en plus de la tonique
4.   —   *la*
5.   —   *ré*

et de la tierce, on trouve la quinte, la modulation n'en est que mieux caractérisée.

En résumé, chaque groupe, finissant par la note *do, fa, sol, la* ou *ré* (1° condition) et renfermant en lui comme notes un peu caractérisées la tonique et la tierce, à plus forte raison, la tonique, la tierce et la quinte de la gamme de *do*, de *fa*, de *sol*, de *la* ou de *ré* (2° condition), doit s'accompagner avec la gamme de *do*, de *fa,* de *sol,* de *la* ou de *ré*.

REMARQUES IMPORTANTES. — Après ces principes généraux, quelques remarques sur des difficultés qui se présentent souvent seront utiles.

1. Quelquefois, les groupes divisés n'auront pas pour finale une des cinq notes *do, fa, sol, la, ré* ; dans ce cas, on se guidera, pour l'accompagnement, sur toutes les notes du groupe, et on examinera quelle modulation peuvent indiquer ces notes prises dans leur ensemble, en se basant le plus possible sur la tonique, la tierce et la quinte des cinq gammes déjà apprises.

2. D'autres fois, la 1° condition (voir plus haut) sera bien remplie mais la 2° ne le sera pas ; dans ce cas encore, on se guidera sur les notes prises dans leur ensemble, mais il sera bon souvent de terminer par la gamme de la note finale à la dernière ou aux dernières notes.

3. *a* Il faut toujours terminer un ton par l'accord de sa finale ; il en est de même de quelques groupes dont la mélodie ressemble beaucoup à celle des groupes finals.

b Il sera bon de faire revenir quelquefois dans le morceau l'accord de la finale et de la dominante, soit du ton même, soit d'un autre ton rappelé par la mélodie de la phrase.

4. L'accord de sixte sert pour accompagner la note *fa* en *fa* (gamme de *fa*) précédant ou suivant la note *sol* en *sol* (gamme de *sol*) ; il sert aussi pour la note *do* en *do* (gamme de *do*) avant ou après la note *ré* en *ré* (gamme de *ré*), et pour la note *sol* en *sol* (gamme de *sol*) avant ou après la note *la* en *la* (gamme de *la*). Dans ces cas et autres semblables, l'accord de sixte fait éviter une octave directe. Cet accord sert aussi à éviter les fausses relations (v. page 27). Il peut être aussi employé ailleurs, à la volonté de l'organiste.

5. Le *si bémol* indique une modulation en *fa* ou en *ré*.

6. Les notes isolées des autres s'accompagnent souvent par leur propre accord : *do* en *do*, *ré* en *ré*, etc.

7. Dans la gamme de *do*, le *si* naturel, qui n'est pas précédé ou suivi de la note *la*, s'accompagne en *sol*.

8. Dans les passages en *fa*, le *mi*, qui n'est pas précédé ou suivi de la note *ré*, s'accompagne en *do*.

9. Si l'on veut varier son accompagnement, on devra diviser le morceau en beaucoup de groupes ; cette division se fera avec une assez grande liberté sans trop s'attacher à la mélodie.

10. Après un groupe en *ré*, il faut mieux faire une modulation en *fa*.

Fautes a éviter. — Il faut apporter un soin tout particulier à éviter en plain-chant les fautes d'harmonie, quintes directes, octaves directes, fausses relations (v. page 19), que l'on peut commettre si facilement en modulant.

Les quintes directes et les octaves directes se rencontrent en plain-chant dans les mêmes accords ; nous nous occuperons en même temps de ces deux fautes.

Voici les quintes directes et les octaves directes que l'on rencontre le plus souvent en plain-chant.

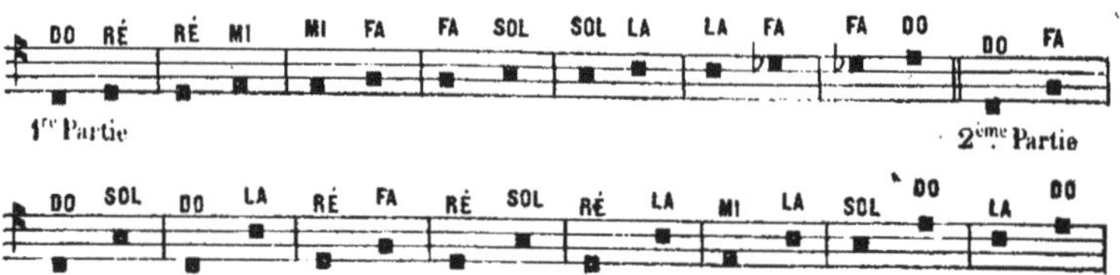

On évitera ces fautes, dans la première partie des exemples, en changeant l'un des accords en un autre choisi le mieux possible en tenant compte du groupe de notes du morceau ; dans la deuxième partie des exemples, en changeant encore l'un des accords, ou bien, si l'on a doublé la basse, en supprimant un des deux doigts de la main gauche de manière à avoir un mouvement contraire ; si l'on n'emploie qu'un doigt à la main gauche, il faut prendre le mouvement contraire.

En modulant on doit toujours veiller à ce que la première note de la modulation n'amène pas une quinte ou une octave directe. Souvent dans les exemples page 28 et suiv., pour éviter cette faute, il a été nécessaire d'employer, de retarder ou d'avancer certaines modulations.

Les fausses relations se rencontrent surtout dans les modulations en *ré* mineur en *sol*, et en *la* mineur.

On évite ces fautes en changeant d'accords, ainsi qu'il suit.

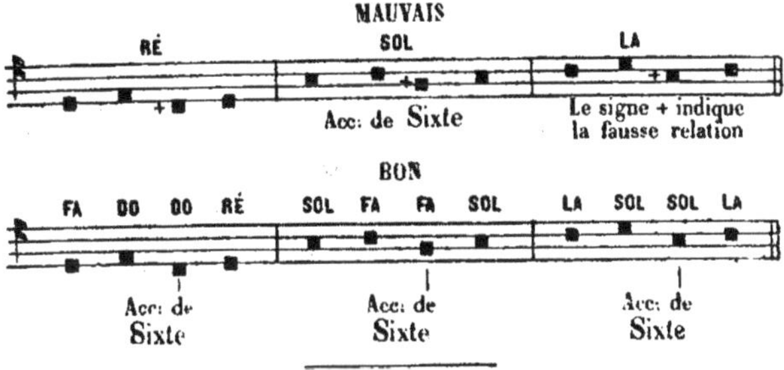

ARTICLE II

Accompagnement de chaque ton en particulier.

Ces règles générales étant données, étudions chaque ton en particulier, en indiquant pour chacun d'eux les modulations, et en faisant, s'il est besoin, quelques courtes observations.

PREMIER ET DEUXIÈME TON.

Souvent modulations en *fa*, en *do*, en *la*, mineur et en *ré* mineur.
Rarement   en *sol*.

Dans ces deux tons, et surtout dans le deuxième ton, il faut varier son accompagnement, en ne faisant pas trop dominer le *ré* mineur, et en commençant souvent les groupes de *ré* en *fa* (1).

TROISIÈME ET QUATRIÈME TON.

Souvent modulations en *do*, en *sol* et en *la* mineur.
Quelquefois   en *fa* et en *ré* mineur,

La finale de ces deux tons est la note *mi* ; on accompagne cette note, à la fin du morceau ou à la fin des groupes, dont la mélodie ressemble aux groupes finals de ces tons, par l'accord de *mi* mineur (*mi, si, sol* ; basse : *mi*) ou de *mi* majeur (*mi, si, sol* dièse ; basse : *mi*) (prendre garde avec cet accord aux fausses relations) ; si ce *mi* est précédé ou suivi de la note *fa*, ce *fa* s'accompagne en *ré* mineur.

CINQUIÈME ET SIXIÈME TON.

Souvent modulations en *do*, en *fa*, en *ré* mineur et en *la* mineur.
Rarement   en *sol*.

SEPTIÈME ET HUITIÈME TON.

Souvent modulations en *do*, en *sol*, en *la* mineur et en *ré* mineur.
Quelquefois   en *fa*.

(1) Au fur et à mesure que l'on apprendra chaque ton, l'élève devra accompagner les morceaux des exemples p. 23 et suiv. et en exercer quelques autres tout seul.

ARTICLE III

Exemples d'accompagnement pour chaque ton.

REMARQUES. — L'intonation se fera avec la note simple. Les *modulations* marquées au-dessus des notes ont leur effet sur toutes les notes comprises entre les deux petites barres mises au-dessus de la *portée* ; les modulations entre parenthèses ne portent généralement que sur une note, sans nuire à l'ensemble de la modulation.

Les chiffres indiquent les Nos des remarques p. 25 ; je ne renvoie pas aux principes généraux, parce que ces principes se réduisent en résumé à un seul (V. p. 25 en résumé).

J'aurais pu faire des renvois plus nombreux ; j'ai mieux aimé ne marquer pour chaque *ton* que ce qui pouvait présenter quelque difficulté, sans entrer dans trop de détails ; on remarquera toutefois que souvent une modulation est amenée pour plusieurs raisons à la fois, quoiqu'il y en ait qu'une indiquée.

Je n'ai marqué dans les notes que *quelques octaves* directes à éviter ; ces fautes dépendent de la manière dont on double les notes de la basse ; les règles de la p. 26 suffiront pour se guider soi-même.

Quelquefois la modulation chiffré 9 est prise sur la modulation précédente, quelquefois, sur la suivante, d'autres fois, elle est renfermée dans une même modulation. Ainsi, on trouvera des passages marqués de cette manière : *ré 2/fa 9 ; fa 9/ré ; do 2/la 9/do/2 ; do 2/la 9/do 2 ; fa/do 9/fa.*

1er Ton

1er MORCEAU.

(3me dimanche de l'Avent)

(1) En accompagnant ce *sol* en *ré* on aurait une *octave directe.*

(2) Eviter l'octave directe en prenant un mouvement contraire (V. p 26).

(3) Remarquez que, dans les renvois à la remarque 2, tantôt les deux règles de la remarque sont appliquées et le groupe de notes est divisé en deux parties (1. l'ensemble du groupe, 2. la dernière ou les dernières notes); tantôt la deuxième règle de la remarque n'est pas appliquée.

(4) Sur ce *do*, faire l'accord de sixte (V. rem. 4).

(4bis) Voir pour cette phrase p. 27

2ᶜ Ton

2ᵉ Morceau — (1) Eviter l'octave directe par un mouvement contraire.
(Commun d'un martyr (2) En accompagnant ce *la* en *do* on aurait une octave directe.
pont. hors le temps pascal) (2 bis) Sur ce *fa*, faire l'accord de *sixte* (V. rem. 4.)
1ᵉʳ Morceau — (1) Ce *la* devra s'accompagner par l'accord de la gamme de *fa* ;
(1re Grande Antienne O) il en sera de même dans les cas semblables.
(2) Cette *modulation* évite une *octave directe*,
(3) Eviter l'octave directe en prenant un mouvement contraire.
(4) Cette *modulation* évite une fausse *relation*.

3e Ton

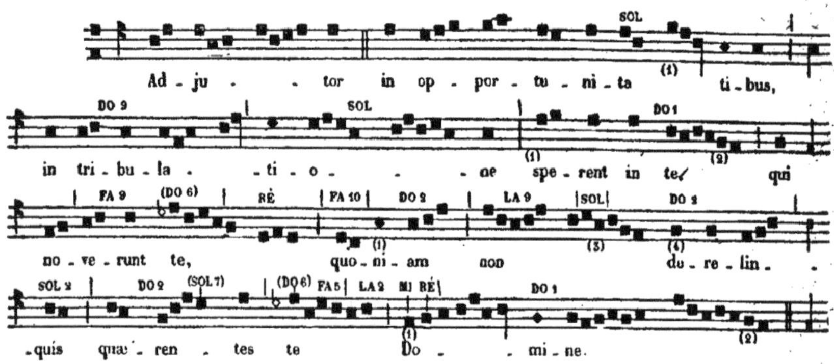

2e Morceau *(Epiphanie)*	(1) En accompagnant ce *ré* ainsi, on évite une octave directe; on pourrait aussi l'accompagner en *ré* et prendre un mouvement contraire. (2) Faire sur ce *do* l'accord de *sixte* (V. p. 27).
3e Morceau *(les Rogations)*	(1) Eviter l'octave directe par un mouvement contraire. (2) Ce *mi* est en *do* pour éviter la fausse *relation*.
1er Morceau *(Septuagesime)*	(1) Eviter l'octave directe par un mouvement contraire. (2) Accompagner cette *finale*, d'après ce qui à été dit p. 27, le *fa* suivant est en *ré*, le *mi* en *mi* et l'autre *fa* en *ré*, afin d'éviter *l'octave directe*. (3) Ces deux notes en *sol* font éviter une octave directe; on pourrait aussi accompagner comme dans le 4me ton E des psaumes (V. ce ton). (4) Ou en *fa*, avec *mi* en *do* (rem. 8).

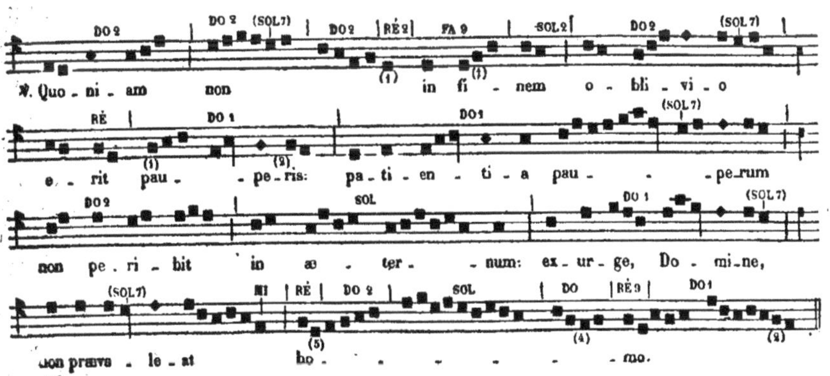

1er Morceau — (1) Eviter l'octave directe par un mouvement contraire.

(2) Accompagner cette *finale*, d'après ce qui à été dit page 27, le *fa* suivant est en *ré*, le *mi* en *mi* et l'autre *fa* en *ré*, afin d'éviter *l'octave directe*.

(3) Ces deux notes en *sol* font éviter une octave directe ; ou pourrait aussi accompagner comme dans le 4me ton E des psaumes (V. ce ton).

(4) Ou en *fa*, avec *mi* en *do* (rem. 8)

(5) Cette note en *ré* va mieux avec la note précédente.

2e Morceau — (1) V. la note (2) du morceau précédent.

(6me dimanche après la Pentecôte) — (2) Ce *si* en *la* amènerait une fausse relation.

(3) Eviter l'octave directe par un mouvement contraire.

4ᵉ Ton

3ᵉ **Morceau**
(Saint Laurent)

(1) V. pour cette phrase p. 27.
(2) Accompagner cette finale d'après ce qui a été dit p. 27, le *fa* suivant est en *ré*.

1ᵉʳ **Morceau**
(dimanche des Rameaux)

(1) Accompagner cette finale d'après ce qui à été dit p. 27.
(2) Eviter l'octave directe par un mouvement contraire.
(3) Cette note en *ré* va mieux avec la note précédente.

5ᵉ Ton

3ᵉ **Morceau**

Accompagner cette finale d'apres ce qui a été dit p. 27.

Sur *angustiis nostris* la modulation est *do 1.*

(2ᵉ dimanche de Carême)

(1) Ces deux notes en *sol* font éviter une octave directe; elles sont renfermées dans la même modulation en *do.*

1ᵉʳ **Morceau**

(4ᵉ dimanche de Carême)

(2) On pourrait aussi accompagner cette finale comme dans le 5ᵐᵉ ton des psaumes (V. ce ton).

3

2e MORCEAU
(2e dimanche de l'Avent)
(1) Ces deux notes en *sol* font éviter une *octave directe*, elles sont renfermées dans la même modulation en *do*.

3e MORCEAU
(Saint Jean, apôtre)
(1) Cette modulation en *la* se trouve renfermée dans la même modulation en *do*.
(2) Eviter l'octave directe par un mouvement contraire.

6ᵉ Ton

1ᵉʳ Morceau (1) Ces deux notes en *sol* font éviter une octave directe, elles
(18ᵉ dimanche après la sont renfermées dans la même modulation en *do*.
  Pentecôte.)   (2) Cette note *la* en *la* fait éviter une *octave directe.*
2ᵉ Morceau (1) Éviter l'octave directe par un mouvement contraire.
(3ᵉ dim. apr. la Pentecôte,

7º Ton

1ᵉʳ Morceau   (1) Faire sur la note *do* l'accord de *sixte* pour amener l'accord de *ré* (V. rem. 4).
           (2) On pourrait encore sur le *mi*, faire un accord de *mi mineur* (*mi, si, sol — basse : mi*) et accompagner les notes *do, si, do*, qui suivent en *la* ; éviter l'octave directe par un mouvement contraire entre les notes *mi* et *do* accompagnées ainsi.

3º Morceau   (1) Sur ce *fa* mettre l'accord de sixte (V. rem. 4).
(Commun d'un martyr   (2) Pour cette phrase v. p. 27.
pontife)

3e Morceau   (3) Éviter entre les notes *ré* et *sol* l'octave directe par un mouvement contraire.

    (4) En accompagnant ce *la* en *do* on aurait une *octave directe*.

4e Morceau   (1) Conserver pour ce *sol* l'accord de *sol*.

(Pâques)   (1) Ce *sol* et le *si* précédent en *sol* font éviter une octave directe.

    (2) Faire sur la note *do* l'accord de *sixte* pour amener l'accord de

1er Morceau   *ré* (V. rem. 4).

    (3) Faire sur ce *fa* l'accord de *sixte* (V. rem. 4).

SOL
DO 9
Al _ le _ lu _ _ ia. ij. V. Hæc
SOL DO 9 SOL
est ve _ _ ra fra _ ter _ ni _ tas, quæ _ vi _ cit
DO (LA) SOL FA 9 LA SOL
(1) (2)
mun _ di cri _ _ _ mi _ na; Chri _ _ stum se _ cu _ _
FA (SOL 7) DO 2 SOL
_ ta est, in _ _ cly _ ta te _ nens re _ gna cœ _ le _ _ _ sti _ a
SOL
(1) (1)
Ec _ ce nunc tem _ pus ac _ cep _ ta _ bi _ le; ec _ ce nunc
FA 5, 2 SOL 2 DO 1 SOL DO 9, 1
(1)
di _ es sa _ lu _ tis: in his er _ go di _ e _ bus ex _ hi _ be _ a _ mus nos _
FA FA 1 SOL DO 1 LA
(1)
_ me _ ti _ psos si _ cut De _ i mi _ nis _ tros, in mul _ ta pa _ ti _ en _
DO 2 FA DO 2 (SOL 7)
_ ti _ a, in je _ ju _ ni _ is, in vi _ gi _ li _ is, et in cha _ ri _ ta _ _
SOL
_ te non fi _ cta.

ARTICLE IV
Transposition. — Gammes harmonisées et Règles de la Transposition.

L'élève commencera par apprendre parfaitement les gammes suivantes :

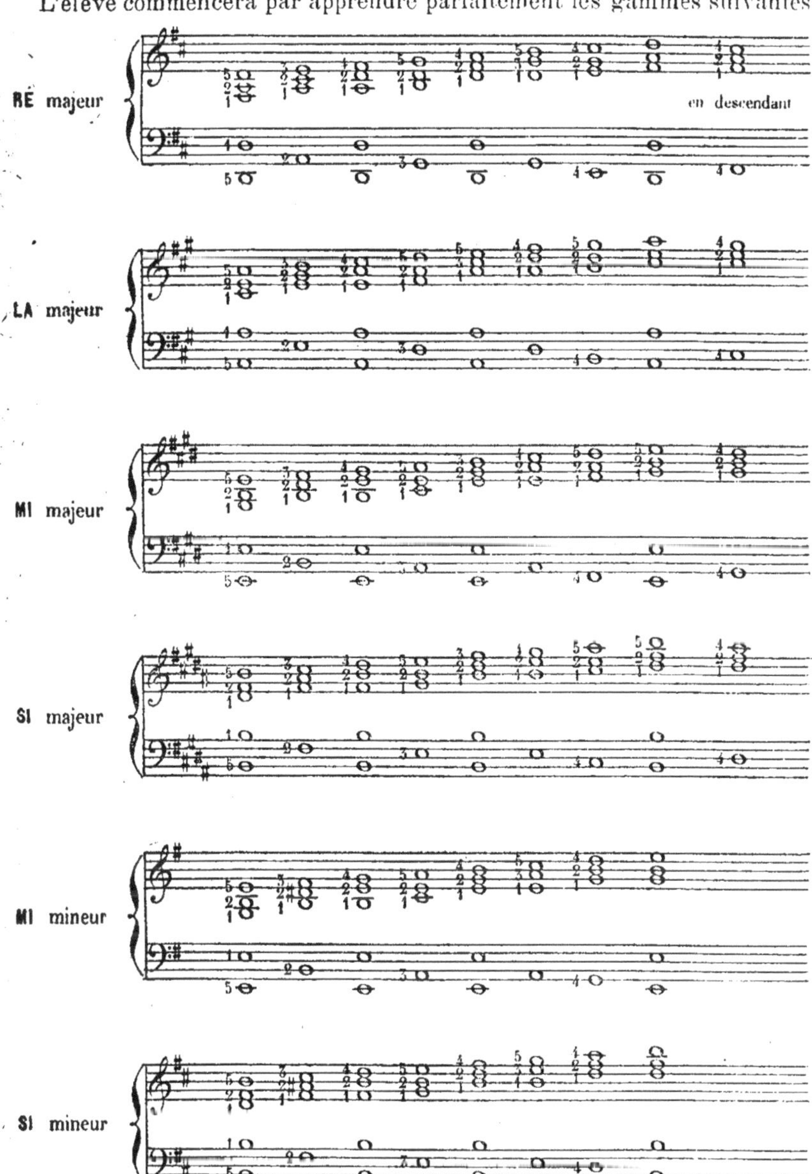

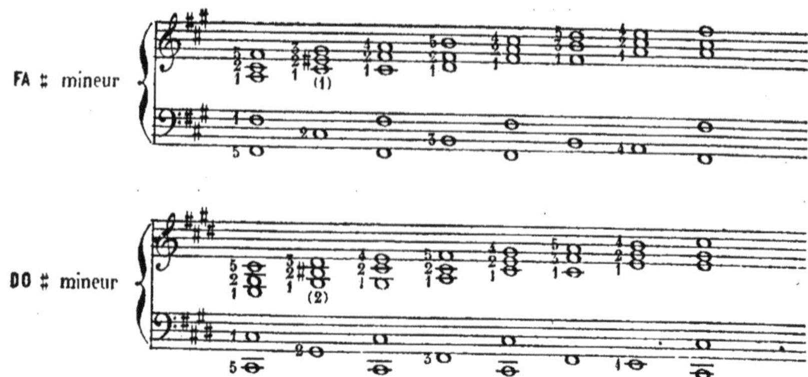

RÈGLES DE LA TRANSPOSITION. — Le plain-chant peut s'accompagner en différentes *dominantes*, généralement on le ramène en dominante *la*.

Pour accompagner un morceau dans cette dominante, on le monte ou on le baisse du nombre de tons nécessaires pour ramener sa dominante à la note *la* et toutes les gammes qui doivent être employées sont montées ou baissées du même nombre de tons. Si le morceau a déjà *la* pour dominante, on l'accompagne tel qu'il est écrit.

Le *1er ton*, le *4e* et le *6e* ne changent pas.

Le *2e ton* se monte de deux tons ; par conséquent, les modulations se changent ainsi :

Do (gamme) est remplacée par *mi* ; *sol*, par *si* ; *fa*, par *la* ; *la*, par *do dièse* ; *ré* par *fa dièse*.

Le *3e ton*, le *5e* et le *8e* se baissent d'un ton et demi ; par conséquent les modulations se changent ainsi : *do* est remplacé par *la* ; *sol* par *mi* ; *fa* par *ré* : *la* par *fa dièse* ; *ré* par *si* ; pour le 3e ton, l'accord de la note finale *mi* devient : *do dièse, sol dièse, mi* ; basse : *do dièse* pour le *mi* mineur, et pour remplacer le *mi* majeur *do dièse, sol dièse, mi dièse* ; basse *do dièse*.

Le 7e ton se baisse de deux tons et demi ; par conséquent les modulations se changent ainsi : *do* est remplacé par *sol* ; *sol* par *ré* ; *fa* par *do* ; *la* par *mi* ; *ré* par *la*.

Remarquez que les gammes majeures sont remplacées par des gammes majeures, les gammes mineures par des gammes mineures, que le morceau se lit ayant à la clef les mêmes signes qui se lisent à la clef de la gamme qui remplace la gamme de *do*, que les modulations restent en soi toujours les mêmes, les gammes seules changent, il n'y a qu'à faire une substitution.

(1) Le *mi* dièse n'est rien autre chose que le *fa* naturel.
(2) Le *si* dièse est le *do* naturel.

Les accords de *sixte* doivent se faire, s'il y a lieu, avec ces gammes comme avec les autres, et les mêmes principes doivent s'appliquer ; il n'y a, je le répète, qu'une substitution de gammes.

Presque tous les orgues ont un clavier transpositeur. Si l'organiste voulait au moyen de ce clavier transposer un morceau, en le jouant toujours avec les cinq gammes ordinaires, sans se servir des gammes de la transposition, il monterait ou baisserait ce clavier du nombre de tons voulus. Celui qui sait les gammes de la transposition s'épargne l'ennui de le faire mouvoir à chaque instant. Ce clavier transpositeur servira alors pour accompagner en une autre dominante que celle de *la*.

Je donne ici, écrits en musique, quelques-uns des exemples de la page 28 et suivantes, notés avec dominante *la* (1) ; ils pourront servir comme exercices de lecture. A la clef, il y a le même nombre de *dièses* qu'à la clef de la gamme, qui, dans le morceau transposé, remplace la gamme de *do*.

L'élève devra beaucoup s'exercer dans l'accompagnement des morceaux transposés ; il devra d'abord se rendre compte des modulations du morceau non transposé, il n'aura plus ensuite qu'à changer les gammes.

(1) *Ecce advenit* (2ᵉ ton) ; *Ex Sion* (5ᵉ ton) ; *Asperges* (7ᵉ ton) ; *Vidi aquam* (8ᵉ ton).

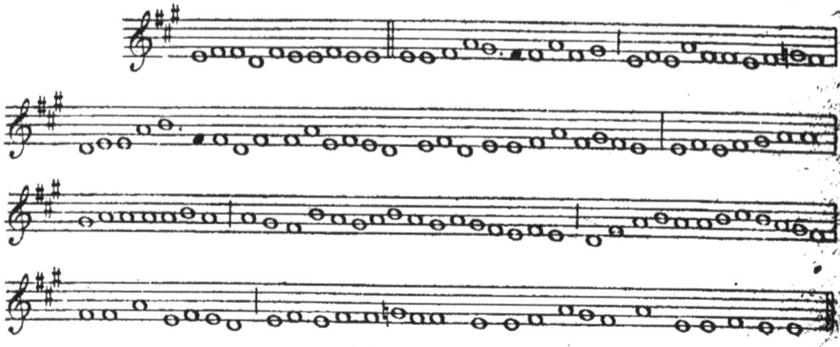

Le 3ᵉᵐᵉ ton est comme le 8ᵉᵐᵉ.

ARTICLE V
Tons irréguliers.

Il y a en plain-chant, dans l'édition de M. Vatar, six tons irréguliers :

1. *Le 1ᵉʳ ton mixte* : il s'accompagne comme le 1ᵉʳ ton ordinaire.

2. *Le 2ᵉ ton in A* : il a la note *la* pour finale et l'on rencontre souvent des modulations en *do*, en *fa*, en *la* mineur, en *ré* mineur, rarement en *sol* ; il se transpose comme le 5ᵉ ton.

3. *Le 3ᵉ ton in A* : on ne trouve dans ce ton que la communion de la messe *Sacerdotes* ; ce morceau se lit comme s'il était écrit en clef de *do* ordinaire avec *si bémol* à la clef et il s'accompagne comme le 6ᵉ ton, sauf la fin, à cause du *mi bémol* ; en voici l'accompagnement :

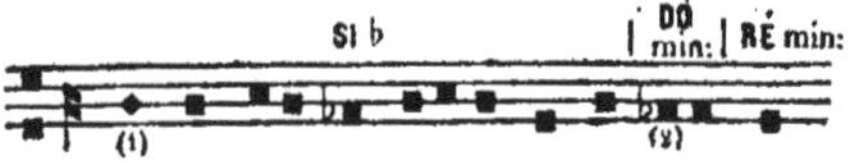

4. *Le 4ᵉ ton in B* : on ne trouve dans ce ton que l'ordinaire de la messe du temps pascal ; ce morceau est presque tout en sol ; le *si* final s'accompagne avec l'accord suivant. *si, fa dièse, ré* ; basse *si*, (transposé : *sol dièse, ré dièse, si* ; basse, *sol dièse*,) la note *do* qui précède ce *si* s'accompagne en *la mineur* et la note *la* en *sol* ; on transpose ce morceau comme le 5ᵉ ton.

---

(1) Voir plus loin cette gamme.
(2) *Mi bémol, do, sol* ; basse : *do*.

5. *Le 5e ton mixte :* il se transpose comme le 8e ton et s'accompagne comme le 5e.

6. *Le 5e ton in C :* il ne se transpose pas, on trouve des modulations en *do*, en *sol*, en *la* mineur, en *ré* mineur et rarement en *fa*.

Dans les autres éditions du plain-chant, d'autres tons irréguliers pourront se rencontrer ; les connaissances déjà acquises seront bien suffisantes pour pouvoir accompagner ces morceaux.

ARTICLE VI

Accompagnement des psaumes. — Remarque finale.

Les *psaumes* s'accompagnent d'après les principes d'accompagnement du plain-chant ; mais il sera bon de varier beaucoup ses modulations, pour éviter la monotonie d'un même son. Voici une manière d'accompagner les psaumes.

Intonation festivale.

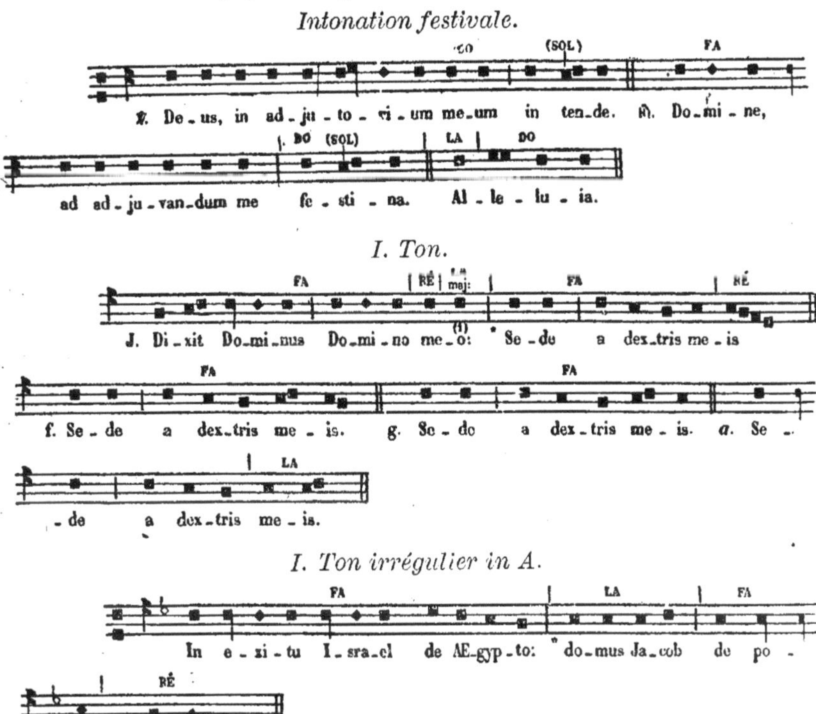

(1) Voir aux gammes pour la transposition.

II. Ton.

II. Ton in A, en usage dans quelques Eglises.

III. Ton.

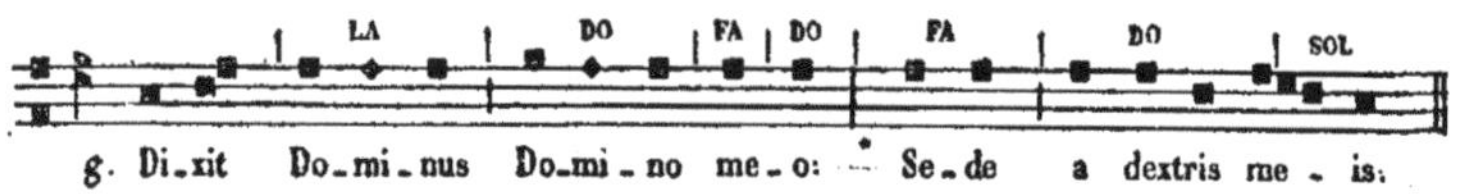

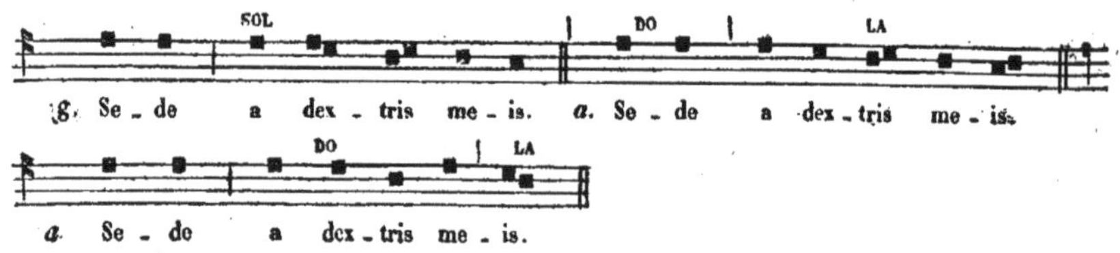

IV. Ton.

V. Ton.

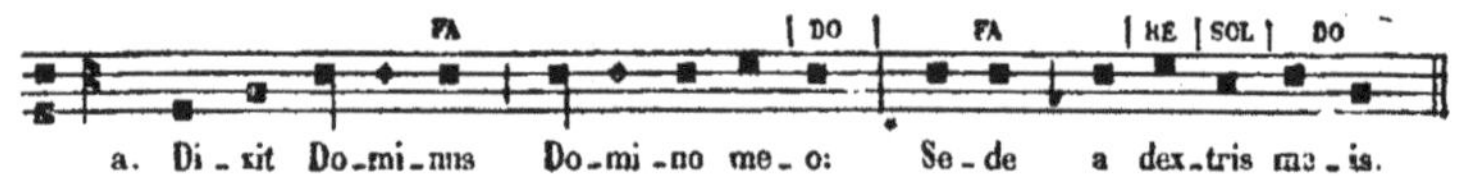

(2) Fair` sur cette note l'accord de sixte (voir remarque 4).
(1) Eviter l'octave directe par un mouvement contraire.

V. Ton en usage dans quelques Eglises.

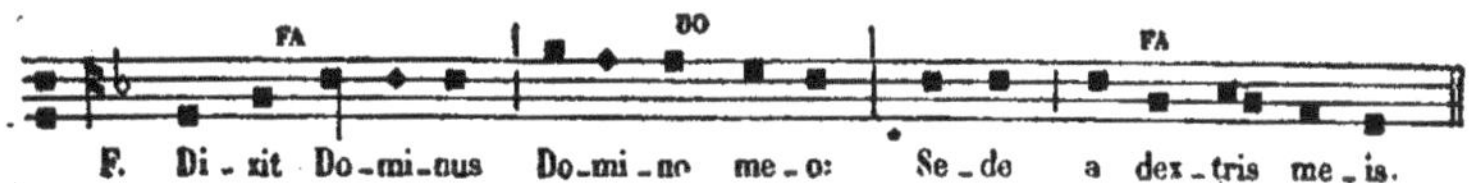

VI. Ton.

VI. Ton irrégulier en C, Ton royal.

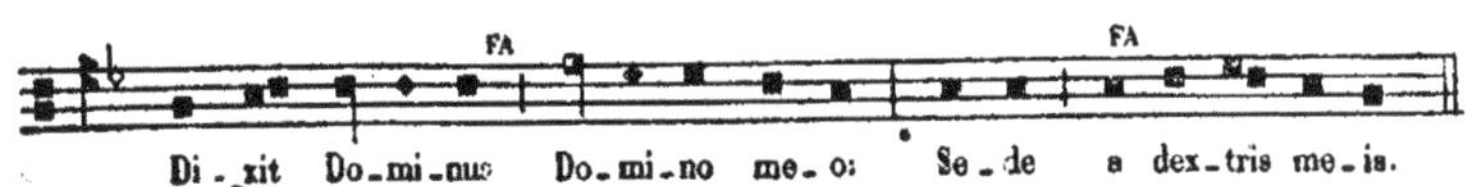

VII. Ton.

VIII. Ton.

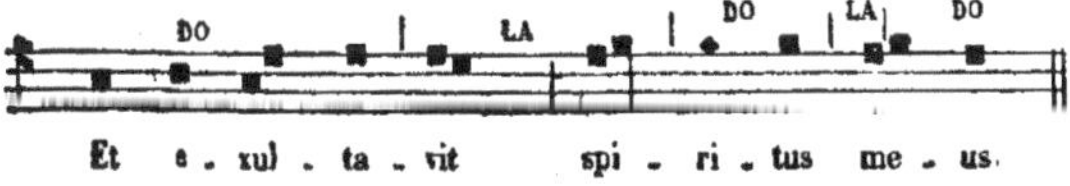

Remarque finale. — Parmi les organistes, les uns admettent le genre d'accompagnement que je viens de donner et l'enrichissent même quelquefois de toutes les ressources de l'harmonie moderne ; les autres, voulant conserver au plain-chant son caractère général en rejetant la tonalité moderne, n'emploient dans l'accompagnement, d'une manière exclusive, que les notes de l'échelle du mode (voir page 22) et par conséquent rejettent tout accord renfermant un *dièse* ; ils attribuent aux accords de finale et de dominante une grande importance et les font revenir souvent ; ils ne veulent pas de l'accord de 7e dominante ni de l'accord de quatre et sixte ; selon eux, on ne passe pas d'un ton dans un autre, mais d'un mode dans un autre, et chaque mode s'accompagne par les formules harmoniques qui lui conviennent. Voici quelques-unes de leurs formules.

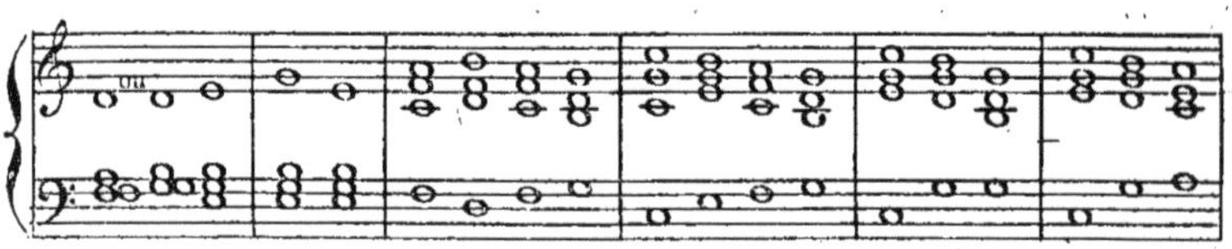

J'ai adopté le premier système d'accompagnement comme étant plus facile à apprendre dans ce qu'il a de simple et se liant mieux avec les cantiques ; toutefois le second système est plus logique, plus en rapport avec le plain-chant ; on pourra s'en rendre compte en lisant les savants travaux de MM. Niedermeyer et d'Ortigue.

CHAPITRE V

Accompagnement des Cantiques.

ARTICLE I

Courts exercices de doigté (1).

Frappez un certain nombre de fois chacune des notes sur clavier muet, en ne levant pas les autres doigts ; puis plusieurs de suite frappez : *do, ré ; ré, mi : mi, fa ; fa sol — do, mi ; do, fa ; do, sol ; ré, fa ; ré, sol ; mi, sol* et toujours sans lever les autres doigts.

Descendez de même — employez chaque main séparément, puis les deux ensemble — montez et descendez avec le même doigté et avec une note deux gammes de suite en *sol*, en *ré*, en *la* et en *mi*.

---

(1) Ces exercices pourraient se placer aussi bien avant l'étude du plain-chant.

Les gammes mineures ont le même doigté que les gammes
majeures qui commencent par la même note.

L'élève devra exercer seul, des exemples semblables aux précé-
dents et s'efforcer par un travail soutenu de se délier les doigts; il
prendra ces exemples dans tous les tons (1).

ARTICLE II

Principes de l'accompagnement des cantiques.

Les cantiques ne pourraient s'accompagner comme le plain-
chant ; un tel accompagnement serait lourd et insupportable.

Si l'on veut jouer le chant, la main droite peut faire surtout des
tierces, des sixtes, des accords pleins, tandis que la basse fait une tenue
ou un chant ; il faut savoir entremêler ces différents accords de manière à rendre l'accompagnement léger. L'accord de quarte et sixte est
admis, ainsi que l'accord de 7e dominante très souvent employé
avec ses trois renversements. Lorsque le cantique a plusieurs
parties, il faut les faire entrer dans l'accompagnement et se guider
sur elles pour former les accords.

Si l'on préfère ne pas jouer le chant, on accompagne avec des
accords en rapport avec le chant, mais qui peuvent recevoir une
grande variété. On peut se servir d'accords soutenus, plaqués, brisés,
entremêlés de silences ; on peut renverser ses accords, les mettre dans
différentes positions, faire des anticipations, et user de toutes les
ressources de l'harmonie.

(1) Il faut dans le doigté conserver dans les mains la position la plus naturelle
et faire servir tous les doigts, surtout le médius et l'annulaire ; ce dernier, en particulier, à cause de sa faiblesse naturelle, n'aspire qu'au repos.

Tous les cantiques se jouent avec la gamme dans laquelle ils sont écrits ; mais il faut bien remarquer qu'il y a une gamme mineure correspondant à chaque gamme majeure ; un cantique peut donc être en majeur ou en mineur. Pour distinguer le majeur ou le mineur, il faut examiner surtout trois choses : 1. si la tonique, la tierce, la quinte du ton majeur dominent, le ton est en majeur ; si, au contraire, la tonique, la tierce et la quinte du ton mineur dominent, le ton est en mineur ; 2. la note finale du morceau, qui généralement est le ton du morceau, peut aussi servir à indiquer la gamme à employer ; 3. la note sensible du ton mineur affectant la mélodie dénote le ton mineur. (La note sensible est la note, qui placée à un demi-ton de la tonique, tend à se porter vers elle ; il y a la note sensible de la gamme majeure et celle de la gamme mineure ; la première entre diatoniquement dans le mode majeur, tandis que la seconde est artificielle ; la note sensible est, dans le ton de *do* majeur *si bémol* ; dans le ton de *la* mineur, *sol dièse.*)

Dans le courant du morceau, on peut rencontrer des modulations que l'on distinguera : par la tonique, la tierce et la quinte et les accidents de la gamme à employer, par la finale de la modulation, par la note sensible. Ces modulations ne sont pas aussi fréquentes qu'en plain-chant, beaucoup de cantiques n'en ont aucune. Les notes accidentelles et de passage ne font pas changer le ton du morceau, et n'indiquent pas de modulations.

Avant chaque cantique, l'élève devra se rappeler l'accord de 7me dominante de la gamme majeure ou mineure (v. page 17) avec laquelle il doit l'accompagner ; cet accord dans ses diverses positions et ses divers renversements doit revenir souvent.

Les cantiques qui suivent sont accompagnés généralement avec une grande richesse d'harmonie ; on devra les étudier mesure par mesure et examiner comment l'accompagnement s'adapte au chant. Dans les exercices joués sans aide l'élève devra d'abord s'efforcer de suivre le chant, en faisant à la main droite des accords bien simples (les accords de tierce peuvent revenir souvent) (v. le cantique : « Le front courbé »), en conservant à la basse pendant quelque temps la même note. Pour cela, il devra étudier chaque mesure séparément, voir quelles sont les notes plus caractérisées et se fonder sur elles pour la note de la basse, qui sera conservée avec les notes moins caractérisées du chant, il fera bien d'examiner à ce point de vue, dans les cantiques placés ici, la dernière partie de la main gauche, qui est souvent une tenue. Plus tard, il s'habituera à varier et à compléter la basse, en se guidant sur les accords de la main droite, dont il peut prendre les différentes notes, en ayant soin toutefois de ne pas violer les règles de l'harmonie, dont on ferait bien d'étudier un traité complet.

Le bon goût, l'usage, l'étude des modèles seront pour l'accompagnement des cantiques les meilleurs guides et souvent les seuls guides ; l'élève aura donc à cœur d'étudier parfaitement tant au point de vue théorique que pratique les cantiques suivants tirés d'excellents auteurs ; il pourra ainsi faire beaucoup de progrès et juger de tous les autres cantiques, car les principes sont toujours les mêmes et s'apliquent à toutes les gammes, qui, en définitive, ne sont qu'au nombre de deux : la gamme de *do* majeur et celle de *la* mineur ; tous les cantiques, en effet, pourraient se ramener par la transposition en l'une de ces deux gammes.

ARTICLE III

Exemples.

Les cantiques suivants sont empruntés, avec l'autorisation expresse de l'auteur au recueil des cantiques des paroisses et des communautés de M. l'abbé A. Gravier renfermant 300 cantiques et adopté dans beaucoup de diocèses.

Jusqu'ici, SOIXANTE-DIX CARDINAUX, ARCHEVÊQUES ET EVÊQUES, notamment sa Grandeur Mgr de Nantes « ont loué, approuvé et recommandé les *Cantiques des* « *Paroisses et des Communautés*, remerciant et félicitant l'auteur d'avoir entrepris « et si bien exécuté cet important travail... souhaitent à cette œuvre absolument « remarquable, dans l'intérêt de la Religion et de l'art chrétien, un succès égal à « sa valeur ; sont heureux de savoir qu'elle est déjà adoptée par les congrégations « paroissiales ; désirent la voir bientôt introduite dans tous les séminaires et les « autres maisons d'éducation de leurs diocèses ;... déclarent qu'elle mérite de deve- « nir le manuel classique des cantiques français, et que l'auteur a bien mérité de « la sainte Église.»

Avec accompagnement — prix net : 20 fr. — en deux volumes...... 25 fr.
Texte et Chant { Chœurs à 1 voix — prix net — broché............. 3 fr.
       — 2 — — — .... 4 fr.
L'abrégé broché... 1 50
Texte seul broché... 1 50
L'abrégé broché... 0 60

Le port est en plus : les vol. brochés se vendent aussi cartonnés et reliés.
S'adresser à M. l'abbé A. Gravier, à Cannes (A. M.)

N⁰ 1

Voir la note (2) page 62.

Nᵒ 2

Andantino (♩· = 100)
dolce.
Dans nos ci_tés et nos campa_gnes,
cresc poco
mf
Re_di_sons tous ce chant joyeux, A_vec l'écho de
p   cresc poco
mf
nos monta_gnes Et tous les an_ges dans les cieux
cresc.
f
f
Dolce legato
CHŒUR
Glo_ _ _ _ _ _ri_a
Glo_ri_a, glo_ri_a glo_ri_a
dolce

Quelquefois avant les morceaux on trouve une note suivie du signe = et de chiffres. Ces chiffres marquent le nombre de fois que la valeur de la note est répétée par minute; c'est ainsi que le mouvement plus ou moins rapide de la mesure est indiqué.

N° 3

Andante maestoso (♩ = 100)
mf
cresc
3
cresc.
f
dim. e rall.
Andante maestoso
mf
cresc.
Gloire à toi, Sei-gneur, mon Dieu! De ce mon-de, ton ou-vrage,
mf
p
mf
En tout temps comme en tout lieu, Ta gran-deur re-çoit l'hommage:
p
mf
cresc.
f
dim. poco
De la ter-re nuit et jour, Vers toi monte un cri d'a-mour.
cresc.
f
dim. poco

N° 4

Andante
mf
rinf: poco
Esprit di_vin, Dieu cré_a_teur, Venez ré_pandre en no_tre cœur La
mf
rinf: poco
dolce
dolce
grâce et la fer_veur, La lu_mière et l'amour du Seigneur, La
p
p
grâce et la fer_veur, La lu_mière et l'a_mour du Sei_gneur.
f
f
dim

Con anima
Enseignez-nous la di_vi_ne sci_en_ce Qui seule é_claire et garde de l'er_
_reur;__ No_tre rai_son   sans vous n'est qu'impuis_san_ce:Ve_nez, ve_
_nez, Esprit ré_vé_la_teur! Venez, ve_nez, Esprit ré_vé_la_teur! _____
N.º 5
Andante.
Tout n'est que va_ni_té, Men_son_ge,fra_gi_li_té, Dans

crescendo
tous ces ob_jets di_vers Qu'offre à nos re_gards l'u_ni_vers
crescendo
dolce
Tous ces brillants de_hors, Cette pom_pe, Ces biens, ces tré_sors, Tous nous_
dolce
rinf.
dim
trom_pe; Tout nous éblou_it: Mais tout nous é_chappe et s'en_fuit
rinf
dim.

N° 6

Andante religioso (♩ = 80)
ff
p
rit
pp
Con anima e pieta
dolce
rinf: poco
O saint au_tel, mys_tère eu_cha_ris_ti_que, Banquet d'a_
O saint au_tel, mys_tère eu_cha_ris_ti_que, Banquet d'a_
dolce
rinf:
cresc.
_mour, fes_tin du Roi des rois! — A no_tre cœur Jé_sus, l'Agneau mys_
_mour, fes_tin du Roi des rois! — A no_tre cœur l'A_gneau mys_
cresc.

f p mf dim.
_ ti _ que, Va se don _ ner pour la première fois, pour la premiè _ re fois
_ ti _ que, Va se don _ ner pour la première fois, pour la premiè _ re fois
f p mf dim

Nº 7

Paroles d'après J. MARBŒUF.

Air d'après L. LE MINTIER.

On fera bien à l'occasion de ce cantique renfermant des accords en la bémol majeur et en fa mineur de former soi-même et d'apprendre ces deux gammes (voir p. 66).

N⁰ 8

Ce cantique est en sol mineur.

N° 9 

(1) Les paroles de ce cantique en l'honneur des SS. martyrs sont tirées du *Livre d'heures des Jeunes gens* édité chez Victor Palmé ; la musique a été composée par M. l'abbé Abel Soreau, professeur et maître de chapelle au pensionnat Saint-Stanislas à Nantes, qui a bien voulu mettre à notre disposition son œuvre inédite.

(2) Souvent on rencontre, comme ici, dans la même portée, des notes de différente valeur, placées les unes au-dessous des autres ; toutes ces notes doivent se jouer; les doigts de la main n'ont pas alors à faire des notes égales. Dans ce cas, il y a dans la même portée, des parties séparées, notées d'une manière bien distincte.

tous les cœurs: Cé-lé-brons, par nos chants,
Les hauts faits et la gloi-re De ces admi-ra-bles vain-
-queurs, De ces ad-mi-ra-bles vainqueurs!
lourd

CHAPITRE VI

Musique pour orgue

ARTICLE I
Quelques notions supplémentaires

En tête des morceaux de musique, on trouve certains mots, la plupart italiens, faisant connaître le mouvement à employer, mais d'une manière assez vague.

Ces mots sont :

Largo	largement.
Lharghetto	diminutif de largo.
Lento	lentement.
Grave	gravement.
Adagio	posément.
Andante	mouvement modéré.
Andantino	diminutif d'andante.
Allegro	mouvement un peu rapide.
Allegretto	diminutif de allegro.
Vivace	vivement.
Presto	vite.
Prestissimo	très vite.
Maestoso	majestueusement.
Cantabile	chantant.
Tempo di marcia	mouvement de marche.
Moderato	modéré
Sostenuto	soutenu.
Con brio	avec feu.
etc. etc.	

D'autres mots indiquent les nuances et les modifications du mouvement :

Rallentando	ou rall.	en ralentissant.
Ritardando	ou ritard.	en retardant.
Slargando	ou slarg.	en élargissant.
Accelerando	ou accel.	en accélérant.
Stringendo	ou string.	en pressant.
A Tempo ou tempo 1º	ou T. 1º	reprendre le 1er mouvement.
Piano	ou p.	faible.
Pianissimo	ou p. p.	très faible.
Forte	ou f.	fort.
Fortissime	ou f. f,	très fort.

Crescendo   ou cresc.   en croissant.
Decrescendo   decresc. (1) en décroissant.
Diminuendo   dim.   en diminuant.
Ec. etc.

Le signe (2) placé sur une note, se nomme *point d'orgue*, et sur un silence, point d'arrêt ; il indique que l'on peut prolonger la durée de la note ou du silence aussi longtemps que l'on veut.

Le signe (3) appelé *barre de reprise* indique que l'on doit retourner au commencement du morceau ou au signe (4).

Le signe (5) indique que l'on doit retourner au pareil signe placé plus haut.

Le signe (6) indique qu'il faut jouer à l'octave tous les passages ainsi marqués.

L'*appoggiature* est un ornement formé d'une ou de deux notes précédant une note essentielle sur laquelle elle prend sa valeur ; sa durée dépend du caractère de la phrase ; lorsqu'elle doit être exécutée avec rapidité, la petite note qui la représente est ordinairement barrée.

Le *groupe (grupetto)* est un ornement composé de trois ou quatre notes de peu de valeur se liant à une note essentielle ; placé après cette note, le groupe est indiqué par ce signe (7) ; un accident *bémol* ou *dièse*, placé au-dessus ou au-dessous de ce signe, porte sur la note au-dessus ou au-dessous de la note essentielle.

Le *mordant (mordente)*, souvent indiqué par ce signe (8) consiste en deux petites notes précédant une note essentielle.

Le *trille (trillo)* est l'exécution rapide de deux notes conjointes répétées l'une après l'autre ; il se marque par les lettres *tr.* ; il y a différentes manières de commencer et de terminer le trille ; on les indique au moyen de petites notes.

L'*acciacatura* (écrasement) consiste à donner rapidement, l'une après l'autre, toutes les notes d'un accord ; on l'indique par ce signe (9) ou par une ligne coupant obliquement l'accord.

Ces signes (10) indiquent une exécution semblable à celle qui précède.

Ces signes: (11) indiquent qu'il faut exécuter la note en faisant des croches ou des doubles croches.

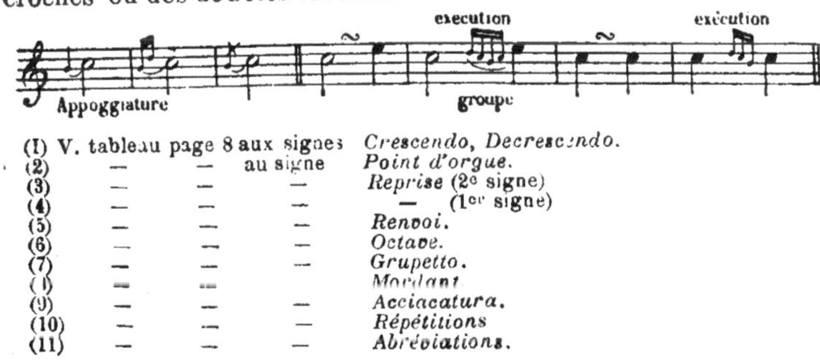

(1) V. tableau page 8 aux signes   *Crescendo, Decrescendo.*
(2)   —   —   au signe   *Point d'orgue.*
(3)   —   —   —   *Reprise (2e signe)*
(4)   —   —   —   *— (1er signe)*
(5)   —   —   —   *Renvoi.*
(6)   —   —   —   *Octave.*
(7)   —   —   —   *Grupetto.*
(8)   —   —   —   *Mordant.*
(9)   —   —   —   *Acciacatura.*
(10)   —   —   —   *Répétitions*
(11)   —   —   —   *Abréviations.*

ARTICLE II

Autres gammes harmonisées

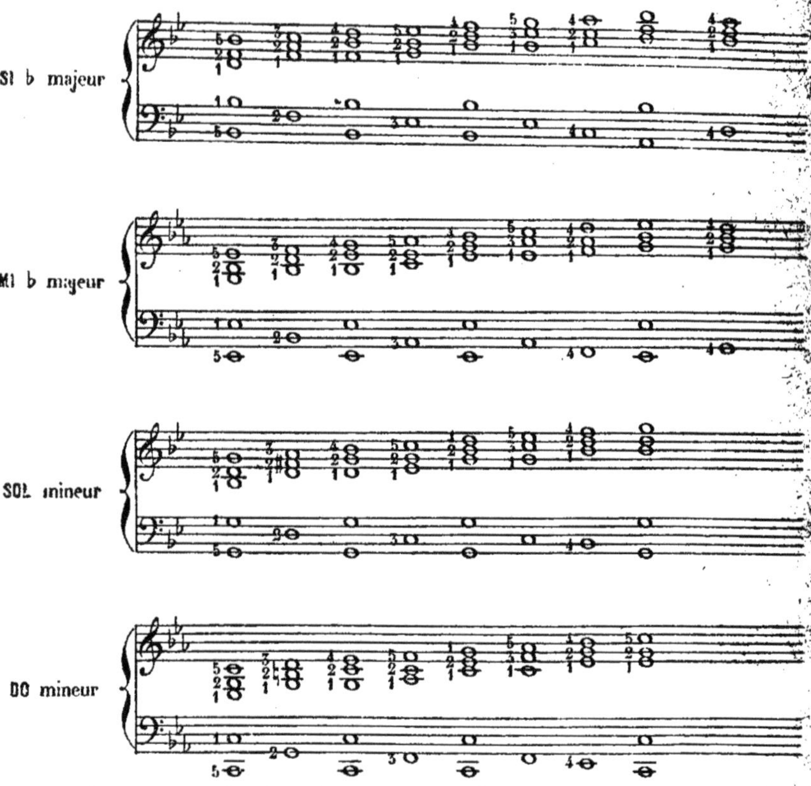

On pourra soi-même former toutes les autres gammes, en mettant d'abord à la clef les signes *dièses ou bémols* de ces gammes, puis en montant ou en baissant du nombre de tons voulus toutes les notes des accords de la gamme de *do* majeur pour les gammes majeures ou de la gamme de *la* mineur pour les gammes mineures.

ERRATA

Qu'il est nécessaire de corriger avant d'étudier cette méthode. Une correction parfaite dans ce genre d'ouvrage est bien difficile.

Pages 9 (Avant la dernière ligne) — *lisez* : la clef de fa.

— 33 *Lisez :* 2e morceau ; *au lieu de :* 3e morceau.

— 46 (1er accord de la 10e formule) — *lisez :* do, sol, mi , *au lieu de :* do, sol, do.

— 49 (Fin du 1er alinéa) — *lisez :* la note sensible est dans le ton de do majeur *si naturel ; au lieu de : si bémol.*

Si quelques autres fautes de détail avaient échappé, je prie le lecteur de les corriger lui-même.

TABLE DES MATIÈRES

Paris-Auteuil. — Imprimerie des Apprentis-Orphelins. — Roussel, 10, rue La Fontaine.

9 782329 597751